Inhalt

Sach- und Gebrauchstexte nutzen

Autorin: Herta Heindl

Texte visualisieren und präsentieren

Autor: Hennes Weiß

01 So informiere ich mich

1

2

3

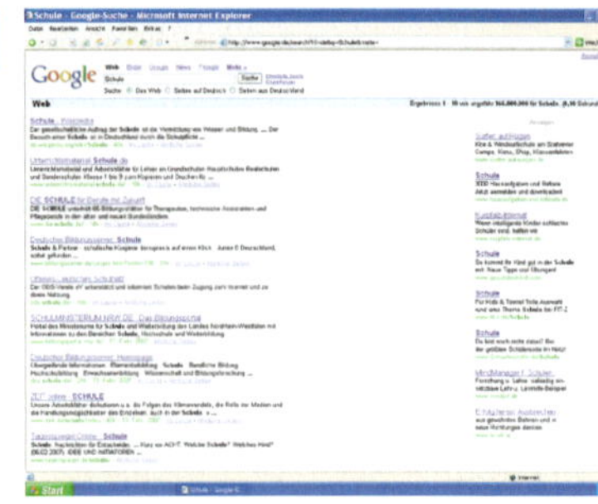

4

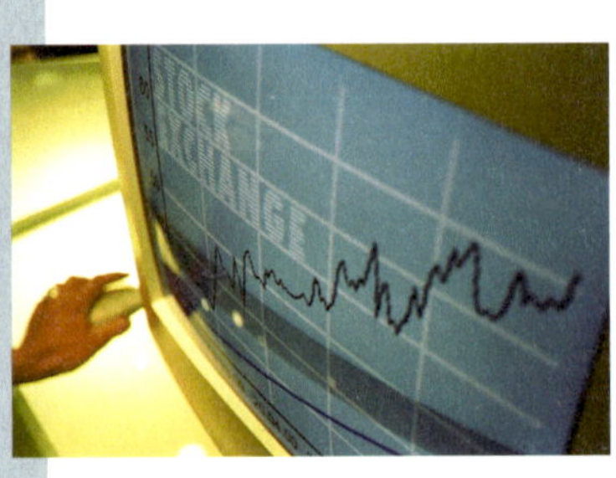

5

6

„Das Lesen ist erlesenes Vergnügen und zugleich der Schlüssel zum Verständnis der Welt“.
Alberto Manguel, Schriftsteller

1 EA

Was verbindest du mit den Abbildungen? Notiere spontan, was dir dazu einfällt.

____

____

____

2 PA

Stellt euch eure spontanen Gedanken vor.
Wählt ein Bild aus. Bereitet dazu eine kleine Kurzpräsentation für das Plenum vor. Warum habt ihr dieses Bild gewählt? Was verbindet ihr mit der Abbildung? Notiert in Stichworten:

____

____

____

____

____

3 EA

Welche Informationsquellen (außer TV und Radio) nutzt du am häufigsten und warum?

____

____

EA = Einzelarbeit
PA = Partnerarbeit
GA = Gruppenarbeit
PL = Plenum

4 EA

Wie merkst du dir Informationen, um sie anderen mitzuteilen?

5 GA

Vergleicht und diskutiert eure Ergebnisse aus den Aufgaben 3 und 4.
Einigt euch auf drei Informationsquellen und notiert diese auf Karten (pro Karte eine Informationsquelle).
Formuliert drei Tipps, wie man sich Informationen merken kann. Schreibt diese in die Sprechblasen, die ihr bekommen habt.
Ausgeloste Gruppenmitglieder präsentieren zuerst die Karten, dann die Sprechblasen.

6 EA

Übertrage von der Tafel alle Informationsquellen, die in deiner Klasse benutzt werden:

7 EA

Wie kann man sich Informationen besser merken? Schreibe die Tipps von der Tafel ab.

In der Schule und im Alltag begegnen dir überall Texte und Abbildungen. Es vergeht kaum ein Tag, an dem du nicht mit Texten arbeitest. Einmal musst du schnell bestimmte Informationen finden oder wichtige Aussagen im Text markieren. Ein anderes Mal musst du den Inhalt des Textes in Stichpunkten zusammenfassen. Immer aber musst du zuerst lesen: Das informierende Lesen ist die häufigste und wichtigste Form des Lesens.

EA = Einzelarbeit
PA = Partnerarbeit
GA = Gruppenarbeit
PL = Plenum

02 Diese „Werkzeuge" nutze ich schon

1 EA

Um Texte richtig zu verstehen und zu nutzen, benötigst du „Werkzeuge".
Im folgenden Fragebogen findest du einige Anforderungen, die du aus deiner ganz persönlichen Erfahrung heraus beurteilen sollst. Kreuze ehrlich an, wie gut du Folgendes kannst! Schwierigkeiten darfst du zugeben, denn andere haben sie auch.

Wie gut kannst du Folgendes? (Solltest du etwas noch nicht gemacht haben, so kreuze *schlecht* an.)		**sehr gut**	**gut**	**einigermaßen**	**schlecht**
1.	Einen Text überfliegend lesen und verstehen.				
2.	Wichtige Informationen aus Texten herausfinden.				
3.	W-Fragen formulieren.				
4.	Schlüsselwörter markieren.				
5.	Für Textabschnitte Überschriften finden.				
6.	Nachschlagewerke gezielt nutzen.				
7.	Einen Stichwortzettel anfertigen.				
8.	Den Inhalt übersichtlich zusammenfassen.				
9.	Ein Schaubild/Schema erstellen.				
10.	Schaubilder bzw. Tabellen verständlich erklären.				
11.	Den Textinhalt in einem Kurzvortrag wiedergeben.				
12.	Zu einem Thema selbst etwas schreiben.				

2 EA

Notiere in Stichworten zu einem Bereich, der dir sehr gut bzw. gut gelingt, eine Begründung.

____

____

____

____

3 GA

Stellt euch in der Zufallsgruppe eure persönlichen Einschätzungen aus der Tabelle und eure Begründungen aus Aufgabe 2 vor. Hinterfragt und erläutert, inwieweit die Bewertungen realistisch sind. Zählt anschließend die Antworten aus.
Ein Gruppenmitglied notiert die jeweilige Anzahl auf einem Zusatzblatt.

Was ich gezielt üben möchte:

1. ______________

____

____

2. ______________

____

____

3. ______________

____

____

EA = Einzelarbeit
PA = Partnerarbeit
GA = Gruppenarbeit
PL = Plenum

03 Lesen – mit 5 Schritten zum Ziel

1 EA

Lies den Text „Die 5-Schritt-Lesemethode" einmal durch, um dir einen ersten Überblick über den Inhalt zu verschaffen.

DIE 5-SCHRITT-LESEMETHODE

Beim ersten Lesen „überfliegst" du den Text, um dir einen Überblick zu verschaffen. Dabei helfen dir auch Überschriften, Hervorhebungen und Abbildungen. In diesem Schritt stellst du fest, worum es im Text geht und ob du bereits etwas über das Thema weißt.

Im nächsten Schritt überlegst du, auf welche Fragen der Text Antwort gibt. Dazu musst du Fragen an den Text stellen. Besonders geeignet sind die W-Fragen Wer? – Was? – Wann? – Wo? – Wie? – Warum? – Welche Folgen? Nicht immer kannst du alle W-Fragen beantworten.

Jetzt liest du den Text gründlich und versuchst Antworten auf deine gestellten Fragen zu finden. Wird eine W-Frage beantwortet, mache eine kurze Pause, damit sich das Gelesene besser setzen kann. Unklare oder unbekannte Wörter schlägst du nach.

Nach jedem Sinnabschnitt überlegst du, was du gerade gelesen hast und ob du alles verstanden hast. Danach fasst du den Inhalt der einzelnen Abschnitte zusammen und gibst ihn mit eigenen Worten wieder. Welche Teile (Gedanken, Begriffe) des Textes sind besonders wichtig? Schreibe sie auf einen Notizzettel.

Im letzten Schritt wiederholst du noch einmal die wichtigsten Aussagen des Textes anhand deiner Notizen. Hilfreich ist es, wenn du den Inhalt laut wiedergibst, denn dadurch wird das Verständnis des Gelesenen noch stärker im Gedächtnis verankert.

2 PA

Notiere in einem Satz, worum es im Text geht. Vergleiche mit deinem Partner.

____

____

____

3 PA

Sucht zu jedem Abschnitt eine kurze Überschrift, die den dargestellten Arbeitsschritt genau wiedergibt. Dafür eignen sich Verben besonders gut.

1. Abschnitt: ______________________________

2. Abschnitt: ______________________________

3. Abschnitt: ______________________________

4. Abschnitt: ______________________________

5. Abschnitt: ______________________________

Tipp:
Die 5-Schritt-Lesemethode hilft dir, Texte besser zu verstehen und den Inhalt langfristig im Gedächtnis abzuspeichern.

Wusstest du, dass 70 % der 12–15-Jährigen Zeitschriften oder Comics lesen? Dabei greifen Mädchen häufiger zu Printmedien als Jungen.

Tipp:
Sinnabschnitte sind bei gedruckten Texten in der Regel als Absätze wiedergegeben.

EA = Einzelarbeit
PA = Partnerarbeit
GA = Gruppenarbeit
PL = Plenum

Piktogramm für „Treffpunkt“:

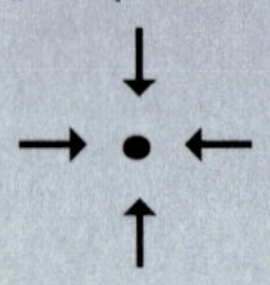

4 GA

Stellt euch in der Gruppe eure Überschriften vor. Einigt euch jeweils auf die Überschrift, die einen Sinnabschnitt am treffendsten zusammenfasst.
Schreibt diese Überschriften auf Karten (pro Überschrift eine Karte).

5 GA

Bilder unterstützen das Lernen und verankern den Lerninhalt langfristig im Gedächtnis.
Findet für jeden Sinnabschnitt ein Bildsymbol (Piktogramm), mit dem der Arbeitsschritt auf einen Blick deutlich wird. Zeichnet jedes Bildsymbol auf ein DIN-A4-Blatt.
Denkt daran, dass ihr sowohl eure Überschriften als auch eure Bildsymbole im Plenum vorstellen und erläutern müsst.

6 EA

Übernimm die fünf Überschriften und die entsprechenden Piktogramme, für die ihr euch im Plenum entschieden habt.

Tipp:
Mithilfe von Bildern und Symbolen kannst du dir Arbeitsschritte leichter und in der richtigen Reihenfolge merken.

EA = Einzelarbeit
PA = Partnerarbeit
GA = Gruppenarbeit
PL = Plenum

04 Wie man richtig markiert

Blue Jeans – ein Kult wird geboren

Levi Strauss heißt der Erfinder der Hose, die heute aus keinem Kleiderschrank wegzudenken ist. Die erste Jeans schneidert er 1853 aus braunem Zeltstoff. Der junge Levi hat eine lange Reise hinter sich. Aus dem fränkischen Buttenheim reist er 1847 zu seinen Brüdern nach New York. Zwei Jahre später beschließt er, nach San Francisco umzusiedeln und macht sich wieder auf den Weg. Amerika befindet sich im Goldrausch. Die Menschen zieht die Aussicht auf unendlichen Reichtum gen Westen. Sie machen sich auf die beschwerliche Reise durch teilweise unbesiedeltes und unendlich weites Land. Im Westen des Kontinentes angekommen, schürfen sie Tag und Nacht nach Gold. Levi Strauss hat eine Ladung Zeltplanen im Gepäck, die er an die Goldgräber verkaufen will. Was die Glücksuchenden aber wirklich brauchen, ist stabile Kleidung. Der junge Mann aus Deutschland erkennt seine Chance und fertigt die erste strapazierfähige Arbeiterhose aus den mitgebrachten Zeltplanen. Nach und nach wird die erste Jeans verändert und den Bedürfnissen der Goldgräber angepasst. Die klassische Blue Jeans aus Baumwollstoff ersetzt sieben Jahre später die Zeltplane. Ein Kult ist geboren.

Beachte Schritt 1 bis 3 der 5-Schritt-Lesemethode!
Notiere die Überschriften:

1. ____________

____

2. ____________

____

3. ____________

____

1 EA

Markiere den Text so, dass auf einen Blick erkennbar wird, wie die Jeans erfunden wurde.

2 PA

Vergleiche mit deinem Partner und begründe: Welche Stifte hast du zum Markieren benutzt? Welche Wörter hast du markiert?

3 GA

Vergleicht in der Zufallsgruppe eure Markierungen. Jeder erläutert dabei seine Vorgehensweise. Einigt euch auf ein Markierungsverfahren. Übertragt die Markierungen auf die DIN-A3-Textvorlage. Denkt daran: Im Plenum müsst ihr sowohl die markierten Wörter als auch die Art der Markierung begründen.

4 GA

Überlegt gemeinsam in der Gruppe, was ihr beim Markieren beachten müsst. Arbeitet drei bis fünf Tipps heraus. Schreibt jeden Tipp auf einen Satzstreifen.
Anschließend werdet ihr die Tipps dem Plenum kooperativ präsentieren. Das heißt, jedes Gruppenmitglied stellt einen Tipp vor und erläutert diesen. Bereitet euch entsprechend darauf vor.

ZUSATZAUFGABE:
Trägst du gerne Jeans? Wie sieht deine Lieblingsjeans aus? Ist es eine Hüfthose oder mehr die coole Baggy Pant oder Skater-Variante? Welche optischen Effekte gefallen dir besonders? Magst du mehr den used-look, den destroyed-look oder soll die Jeans nur one-washed sein?
Schreibe eine Geschichte über deine Jeans aus ihrer Sicht. Verwende dabei die Ich-Perspektive. Suche Bilder, die deine Geschichte optisch unterstützen können.

Willst du mehr zur Kulthose Jeans wissen? Unter www.klett.de/klippert findest du interessante Informationen.

EA = Einzelarbeit
PA = Partnerarbeit
GA = Gruppenarbeit
PL = Plenum

5 EA

Finde den richtigen Weg durch das „Markierungslabyrinth“! Verbinde die einzelnen Satzteile mit Pfeilen. Beachte dabei die Reihenfolge. Hast du alle Regelkästchen richtig verbunden, kannst du den Lösungssatz notieren. Dieser besteht aus den ***kursiv*** gedruckten, weißen Wörtern.

Start ? / ***Wenn***	Jetzt überprüfe ich das Unterstrichene / ***du***	Wenn Nebeninformationen wichtig sind, / ***gut***	Diese Wörter kennzeichne ich mit einem gelben Textmarker. / ***„Schlüssel“***
Bevor ich mit dem Lesen beginne, / ***dir***	kann ich die Bleistiftmarkierungen später ausradieren. / ***hast***	und arbeite die wichtigen Schlüsselbegriffe heraus. / ***deine***	um die Schlüsselbegriffe zu verstehen, / ***ausgewählt***
Habe ich zu viel unterstrichen, / ***einfallen,***	lege ich meine Arbeitsmittel / ***mithilfe***	unterstreiche ich diese mit dem dünnen, roten Stift. / ***und***	Die Schlüsselbegriffe schreibe ich / ***den***
damit ich den Textaufbau erkenne. / ***wieder***	Bleistift, Lineal, Textmarker und einen roten, dünnen Filzstift / ***deines***	auf den Tisch. / ***„Spickzettels“***	geordnet auf einen kleinen Zettel (Spickzettel). / ***Text***
Beim zweiten Lesen unterstreiche ich mit Bleistift, / ***Informationen***	um festzustellen, worum es überhaupt geht. / ***wichtigen***	Zuerst überfliege ich den Text, / ***alle***	**Ziel** / ***verstanden.***

LÖSUNGSSATZ:

____

____

6 EA

Gestalte ein Lesezeichen mit den Markierungsregeln. Du kannst es zukünftig immer benutzen, wenn du Texte bearbeitest. Beschränke dich auf knappe Formulierungen.

Für dein Lesezeichen benötigst du einen stabilen Kartonstreifen etwa in der Größe 30 cm auf 10 cm.

EA = Einzelarbeit
PA = Partnerarbeit
GA = Gruppenarbeit
PL = Plenum

05 Ein Schema gliedert den Text

GENERATION PC

Für Kinder und Jugendliche ist der Computer eine feste Größe im Leben. Mit diesem Medium gehen sie so selbstverständlich um wie ihre Altersgenossen vor dreißig Jahren mit Puppenküchen und Matchboxautos. Viele Kids verfügen über ein größeres technisches Wissen im Umgang mit der digitalen Technik als ihre Eltern oder Lehrer.
Bei den 12 – 15-Jährigen können ca. 80 % regelmäßig einen Computer nutzen. Dabei verwendet mehr als ein Drittel der Jugendlichen täglich den PC. Bei der hohen Verfügbarkeit stellt sich natürlich die Frage, wozu die jungen User den Computer wirklich brauchen.

Ganz sicher ist ein wesentlicher Aspekt die Unterhaltung. An erster Stelle steht dabei das Spielen am PC. Der Bereich des Computerspiels ist inzwischen eine ganz eigene Welt, in die echte Freaks stundenlang abtauchen können. Wichtige Genres in dieser Spielewelt sind Actionspiele wie „Tomb Raider", Simulationsspiele wie z. B. „Die Sims", und natürlich die Jump-and-Run-Spiele, unter denen „Super Mario World" in der Beliebtheitsskala an der Spitze steht. Doch nicht nur das Spielen gehört zum Dauerbrenner, auch Musik hören und DVDs anschauen sind beliebte Freizeitbeschäftigungen, bei denen der Computer zum Einsatz kommt. Darüber hinaus gewinnen das E-Mail-Schreiben und das Chatten als unkomplizierte Möglichkeit, mit der Außenwelt in Kontakt zu treten, immer mehr an Bedeutung. Es gibt Jugendliche, die geradezu süchtig sind nach dieser Form der Kommunikation und etwa im Chatroom mehr Zeit verbringen als im Klassenraum.
Für die Hälfte der Nutzer nimmt der Computer als Lernmittel einen beständigen Platz im Alltag ein. Der Umgang mit Lernspielen und Lernprogrammen findet noch überwiegend zu Hause statt, doch steigt der Einsatz von Lernsoftware im Unterricht mit zunehmendem Alter an. Am häufigsten arbeiten Schüler in den Fächern Mathematik, Deutsch und im Fremdsprachenunterricht am PC. Dabei geben mehr als zwei Drittel der Anwender an, dass sie Lernsoftware sehr gerne bzw. gerne verwenden.
Viele haben den Computer auch als Arbeitswerkzeug entdeckt. Die Möglichkeiten der Textverarbeitung, Mal- und Grafikprogramme werden ausgiebig genutzt. Da die Vorteile beträchtlich sind, greifen immer mehr Jugendliche immer häufiger zur Tastatur als zum Füller. Rechtschreibprogramme helfen bei der Fehlerkorrektur, vielfältige Formatierungsangebote stehen in leicht zugänglicher Form zur Verfügung und lassen das Referat oder die Hausaufgabe professionell und besser aussehen. Die Überarbeitung von Texten wird fast zum Kinderspiel.
Eine weitere wichtige Möglichkeit des elektronischen Mediums ist die Informationsbeschaffung. An erster Stelle ist hier natürlich das Internet zu nennen. Jeder fünfte Jugendliche recherchiert im Internet mindestens einmal in der Woche für Schule oder Beruf. Auch die Suche nach neuesten Trends und nach den Produkten der bevorzugten Markenhersteller läuft immer öfter über das Internet. Daneben gibt es ausreichend Software, die es Schülern erlaubt, in dem ihnen angenehmen Tempo und auf eine für sie passende Art gezielt nach Informationen zu suchen. Ganze Lexika sind auf CD-Rom erhältlich, die Bilder, Geräusche, Filmausschnitte und Kopien wichtiger Dokumente enthalten.

1 EA

Lies den Text. Markiere so, dass mit einem Blick erkennbar wird, in welchen Bereichen Jugendliche den PC nutzen. Beachte die ersten drei Schritte der 5-Schritt-Lesemethode.

2 PA

Vergleicht eure Markierungen. Einigt euch auf drei, höchstens fünf wesentliche Schlüsselwörter des Textes.

Die Mehrzahl von **Schema** lautet Schemata oder Schemen.

3 GA

Entwickelt in der Gruppe ein einfaches Schema, um den Textinhalt übersichtlich zusammenzufassen. Falls euch kein Schema einfällt, orientiert euch am dargestellten Vorschlag auf der nächsten Seite. Macht zuerst einen Entwurf, übertragt das Schema danach auf ein Plakat.

4 PA

Bereitet im Tandem einen Kurzvortrag vor. Ihr sollt vorstellen, wofür Kinder und Jugendliche den Computer nutzen. Euer Plakat mit dem Schema dient der Visualisierung.

Tipp:
Textinformationen prägen sich leichter im Gedächtnis ein, wenn du Skizzen, Schemata oder Tabellen anlegst.

EA = Einzelarbeit
PA = Partnerarbeit
GA = Gruppenarbeit
PL = Plenum

VORSCHLAG ZUR GESTALTUNG EINES SCHEMAS ÜBER DIE NUTZUNG DES COMPUTERS

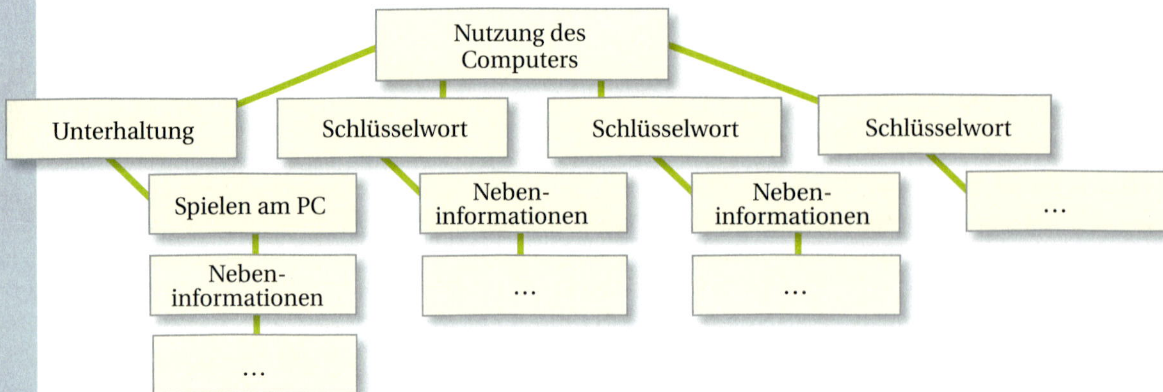

Für die Projektarbeit:
- solltet ihr Gruppen bilden
- die Arbeit verteilen
- folgende Phasen berücksichtigen:
  • Planungsphase
  • Durchführungsphase
  • Auswertung.

Hilfreich für die Arbeit kann der Einsatz eines Zeitplans sein, siehe S. 32.

PROJEKTVORSCHLAG – EINE UMFRAGE DURCHFÜHREN

A Zunächst müsst ihr euch entscheiden, zu welchem **Thema** ihr eine Umfrage durchführen wollt. Mögliche Fragen wären:
- Wer nutzt wie oft den Computer wozu?
- Wer surft wie oft im Internet und warum?
- Welche Web-Sites sind die beliebtesten?

... Bestimmt habt ihr noch mehr Ideen.

B Bevor ihr loslegt, müsst ihr eure **Arbeitsschritte** planen. Werdet euch darüber klar:
- Was wollt ihr erfragen?
- Wie müssen die konkreten Fragen lauten?
- Wie wollt ihr die Umfrage auswerten?
  Darüber müsst ihr euch Gedanken machen, bevor ihr die Fragen formuliert.
  (Anregungen findet ihr im 2. Teil des Heftes, S 07, S. 29: Diagramme mit dem Computer erstellen)
- Wen wollt ihr befragen?
- Wann soll die Befragung durchgeführt werden?
- Wer wertet die Befragung aus?
- Wie, wann und wem sollen die Ergebnisse der Umfrage präsentiert werden?

... Sicher gibt es noch mehr zu beachten.

C Und ihr müsst die **organisatorischen Fragen** klären, z. B.:
- An welchem PC erstellt ihr den Fragebogen?
- Wo kann der Fragebogen kopiert werden?
- Wann teilt ihr den Fragebogen aus und wie kommt er zu euch zurück?

... Natürlich treten noch weitere Fragen auf.

Eure Umfrage könnt ihr z. B. mit einem **Balkendiagramm** auswerten. Danach könnt ihr sie mit dem hier abgebildeten Diagramm vergleichen.

Kinder und Computer-Tätigkeiten 2005 – mind. einmal pro Woche

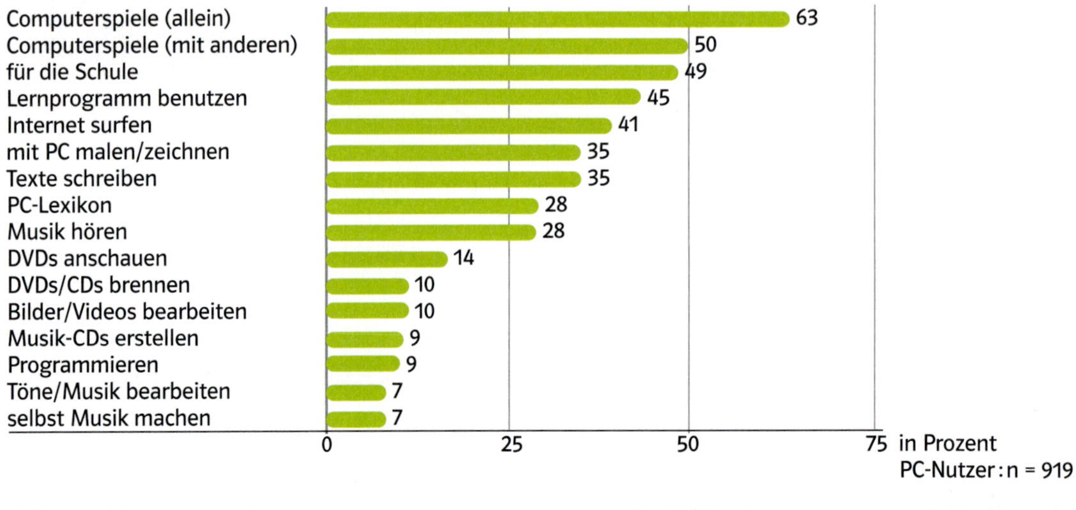

EA = Einzelarbeit
PA = Partnerarbeit
GA = Gruppenarbeit
PL = Plenum

06 Plakate schaffen Übersicht

TEXT 1: GEFANGEN IM SPIELENETZ

Faszination Spiel

Dass Computerspiele eine starke Faszination ausüben, die extreme Folgen haben kann, ist für Wissenschaftler wenig überraschend. „Es ist die Flucht in eine unwirkliche Welt, in der man sich leichter in der Lage sieht, die eigenen Bedürfnisse zu befriedigen", erklärt Monica Mayer. Genauso funktionieren auch andere Medien, die Scheinrealitäten aufbauen, etwa das Fernsehen oder das Internet. Was Computerspiele zu besonders attraktiven Fluchtorten macht, ist ihre Interaktivität, also die Fähigkeit des Spielers, selbst zu handeln. [...] Computerspiele vermitteln Erfolgserlebnisse; also genau das, was vielen Menschen im Alltag fehlt. „Diese Parallelwelten verführen dazu, zu versuchen, die Unsicherheiten und Probleme mit der eigenen Identität auf der virtuellen Ebene zu kompensieren", beschreibt Bert te Wildt. Vom sinnlos erscheinenden Leben in ein sinnvolles Spiel auszuweichen, wo jedes Handeln Zweck und klare Ziele hat, kann so verführerisch sein, dass einige Menschen irgendwann die beiden Welten vertauschen [...].

Monica Mayer: Psychologin an der Universität Bamberg

Bert te Wildt: Leiter der Poliklinik der Medizinischen Hochschule Hannover

Wie Spiele wirken

Welche Mechanismen wirken, wenn wir uns in Computerspiele vertiefen, erforscht die Psychologin Monica Mayer an der Universität Bamberg. „PC-Spiele befriedigen in unterschiedlichen Mengen drei Grundbedürfnisse", erklärt Mayer.

1. [...] Menschen möchten wissen, was als Nächstes kommt. Unbekannte Situationen machen Angst, ebenso wie eine unsichere Zukunft. „Wir wollen unsere Umgebung vorhersagen können", erklärt Monica Mayer. Spielwelten erschaffen eine „kontrollierbare Unbestimmtheit": Sie stellen spannende Herausforderungen, die bekannten Regeln folgen und lösbar sind.
2. [...] Menschen suchen das Gefühl, Kontrolle zu haben und erfolgreich zu sein. Umgekehrt meiden sie Situationen, mit denen sie nicht klarzukommen glauben: „Wir haben Angst zu scheitern" Spiele stellen fast immer lösbare Aufgaben, oft in variabler Schwierigkeit, die sich dem Können des Spielers anpasst. Sie vermitteln ein starkes Gefühl von Kompetenz.
3. [...] Menschen brauchen von anderen Menschen die Bestätigung, in Ordnung zu sein. Deshalb suchen sie den Kontakt zu Gleichgesinnten, die ihnen ein Zugehörigkeitsgefühl geben. In Spielen bilden sich Gemeinschaften, die sich verstehen und bestärken. „Das erkennt man auch bei der häufigen Gründung von Clans und Gilden, was ja nichts anderes ist, als dazuzugehören, anderen Hilfe anzubieten und damit an Bedeutung zu gewinnen."

Eine Auflistung von Beratungsstellen zum Thema Spielsucht im gesamten Bundesgebiet findest du unter www.klett.de/klippert

Beachte **die Arbeitsaufträge** zur Texterschließung auf **Seite 13**.

EA = Einzelarbeit
PA = Partnerarbeit
GA = Gruppenarbeit
PL = Plenum

Die sechs Suchtkriterien

1 Unstillbares Verlangen:
Die Gedanken kreisen ständig um das Spiel; man möchte so bald wie möglich wieder spielen.

2 Kontrollverlust über Häufigkeit und Dauer:
Das Spielen füllt jede freie Minute. Aufhören kommt erst in Frage, wenn es gar nicht mehr anders geht. Die Schlafphase verkürzt sich auf einige Stunden.

3 Toleranzentwicklung:
Kurze Spielzeiten sind unbefriedigend und hinterlassen das Gefühl, nichts erreicht zu haben. Man muss immer länger spielen, um ein Erfolgserlebnis zu haben.

4 Entzugserscheinungen:
Längere Zeit ohne Spielen führt zu Unwohlsein, Nervosität, Angespanntheit und generell schlechtem Befinden. Ein Gefühl, das sich sofort legt, wenn man wieder spielt.

5 Vernachlässigung anderer Interessen:
Dinge aus echtem Wert werden unwichtig. Schule oder Arbeit erscheinen lästig. Für Treffen mit Freunden ist keine Zeit mehr.

6 Andauerndes Suchtverhalten trotz schädlicher Folgen:
Das Spielen führt zu Unannehmlichkeiten (z. B. Hunger, Müdigkeit) und Schmerzen (z. B. Sehnenscheidenentzündung). Es ist klar, dass diese Probleme mit dem Spielen zusammenhängen, aber sie erscheinen nicht wichtig genug, um aufzuhören.

TEXT 2: GEFANGEN IM SPIELENETZ

Sucht oder nicht?

Dass sich Einzelerfahrungen von Extremfällen zu einem dramatischen Gesamtbild fügen, das ist normal. Über die Wirklichkeit sagt es aber nichts aus. „Der Anteil der Computerspieler mit einem problematischen oder süchtigen Spielverhalten ist weitgehend unbekannt", resümiert die Berliner Charité. Das Problem ist jung, erforscht ist wenig. Die Debatte entzündet sich vor allem an zwei Kernfragen: Ist exzessives Spielen eine Sucht? Und wenn ja, sind die Spiele schuld daran? Schon bei der Suchtdiagnose gehen die Meinungen der Forscher auseinander. „Die Symptome und der Krankheitsverlauf sind denen von anderen Süchten sehr ähnlich", stellt zum Beispiel Psychologin Monica Mayer von der Universität Bamberg fest. „Es entsteht in der Presse manchmal der Eindruck, als hätten wir es mit einer neuartigen Form von psychischer Erkrankung zu tun", meint dagegen der Oberarzt und Psychiater Bert te Wildt von der Uni-Klinik Hannover. „Ich bin da skeptisch. Dass es eine Sucht ist, ist eine problematische Vorannahme."

Sechs Suchtkriterien

Für die Wissenschaft macht es einen Unterschied, ob eine Sucht an einen Stoff gebunden ist oder nicht. Ein Stoff, das meint in der Regel Schnaps, Zigaretten oder Drogen. Alkohol ist ein Zellgift, es greift das Hirn direkt an. Spiele sind kein Stoff, sie zirkulieren nicht im Blut und lagern nicht in der Leber. Sie gelangen durch Augen und Ohren ins Gehirn, aber auch sie hinterlassen dort Spuren. Wer pausenlos spielt, dessen Verhalten kann sich verändern. Wann verlieren Menschen die Kontrolle über ihr Handeln, wann sind sie abhängig? Um das zu bestimmen, ziehen Mediziner sechs Suchtkriterien für stoffliche Drogen heran, die von der Weltgesundheitsorganisation aufgestellt wurden […]: unstillbares Verlangen, Kontrollverlust über Häufigkeit und Dauer, Toleranzentwicklung, Entzugserscheinungen, Vernachlässigung von Verpflichtungen, andauerndes Suchtverhalten trotz schädlicher (körperlicher) Folgen. Wer drei von sechs Symptomen aufweist, der gilt als abhängig.

Lernen und Nutzen

Dass Spielen mittlerweile ein selbstverständlicher Teil der Alltagskultur von Kindern ist, wissen auch die Experten. Verbote halten sie für unsinnig, stattdessen kommt es auf das richtige Maß an. […] Der Mediziner Bert te Wildt baut darauf, den Menschen auf Dauer einen verantwortungsvollen Umgang mit Computerspielen nahe zu legen. „Mir geht es um Medienhygiene: die Medien bewusst und aufmerksam zu betrachten und zu verstehen lernen, um ihre Vorteile zu nutzen und dabei gesund zu bleiben."

Beachte die **Arbeitsaufträge** zur Texterschließung auf **Seite 13**.

Der Begriff Sucht kommt von „siechen" (krank sein), nicht von „suchen".

1 EA

Lies Text 1 **oder** 2 und markiere so, wie du es gelernt hast.
Wende beim Lesen die ersten drei Schritte der 5-Schritt-Lesemethode an.
a) Worum geht es im Text?
b) Was will ich zum Thema wissen?
c) Welche Fragen beantwortet der Text? Welche unbekannten Begriffe muss ich nachschlagen/klären?

2 GA

Klärt gemeinsam unbekannte Begriffe und Unverstandenes. Vergleicht eure Markierungen. Fasst den Inhalt abschnittweise zusammen. Besprecht die Gestaltung eures „Spickzettels".

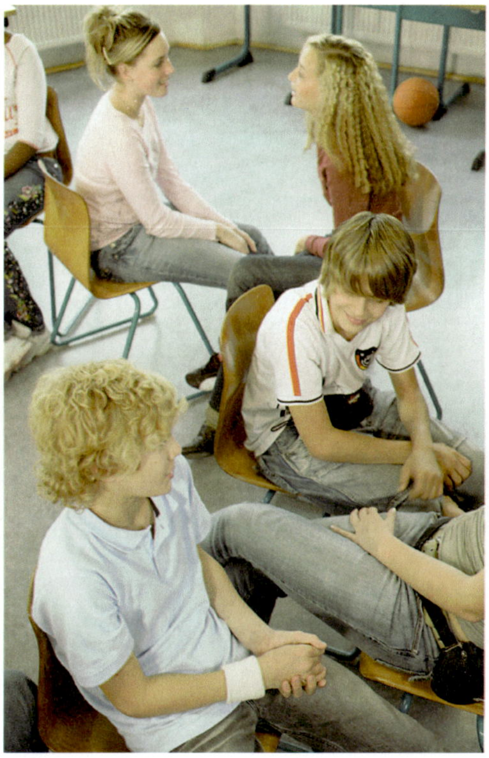

3 EA

Schreibe einen Spickzettel mit maximal 15 Wörtern. Symbole und Zeichnungen darfst du zusätzlich verwenden. Diesen darfst du benutzen, um den Inhalt deines Textes nachher einem Zufallspartner wiederzugeben.

4 GA

Fasst nochmals das Wichtige beider Texte in Mischgruppen zusammen.
Gestaltet ein Lernplakat, auf dem übersichtlich das gesamte Thema dargestellt wird.
Bereitet einen Kurzvortrag vor, in dem ihr über die Faszination und Wirkung von Computerspielen sowie über die Suchtgefahr und die Suchtkriterien berichtet.
Beendet euren Vortrag mit einem kurzen Ausblick.

5 EA

Was können Schüler **und** Eltern tun, damit Kinder und Jugendliche nicht zu viel spielen?
Formuliere Tipps für Schüler **oder** Eltern, wie sie vorbeugen können.

Tipps zur Plakatgestaltung findest du im 2. Teil des Heftes: S 03 Perfekte Plakatgestaltung, S. 23.

EA = Einzelarbeit
PA = Partnerarbeit
GA = Gruppenarbeit
PL = Plenum

Wörterliste:
Format (hier): Die Art, wie Daten auf einem Speichermedium angeordnet sind.
MP3 (Abk. für Moving Picture Expert Group audio layer 3): ein Komprimierungsverfahren für Audio-Dateien.
WMA (Abk. Windows Media Audio): ein Komprimierungsverfahren für Audio-Dateien.
USB (Abk. für Universal Serious Bus): universelle serielle Schnittstelle.

Tipp: Tabellen enthalten wie Sachtexte Informationen. Die Informationen musst du entschlüsseln und in Worte fassen. Gehe so vor:
1. Schritt:
Lies die Überschrift. Um welches Thema geht es?
2. Schritt:
Kläre, was in den einzelnen Spalten (längs) steht. Kannst du Überschriften erkennen? Wenn nicht, suche Oberbegriffe für die Spalten.
Mache dir klar, was in den einzelnen Zeilen (quer) ausgesagt wird.
Achte auf Zusatzinformationen, die die Tabelle enthält.
3. Schritt:
Lies die Tabelle genau.
Vergleiche die Informationen Zeile für Zeile. Stelle auffällige Unterschiede bzw. Gemeinsamkeiten fest.
4. Schritt:
Fasse die wesentlichen Informationen in eigenen Worten zusammen.

07 Wozu Tabellen gut sind

MP3-Player
Seit einigen Jahren verdoppeln sich die Verkaufszahlen für MP3-Player im Halbjahrestakt. Waren die kleinen Dinger anfangs nur etwas für Computer-Freaks, sind sie in der Zwischenzeit für sehr viele User/Userinnen attraktiv. Während Walkman und Mini-Disc-Player beinahe schon Ladenhüter sind, erfreuen sich die modernen MP3-Player größter Beliebtheit. Durch das Verkleinern der Datenmenge der Musikstücke entfällt das Arbeiten mit Kassetten bzw. CDs. Außerdem sind sie stoßunempfindlich. Das alles macht sie so praktisch.

	1	2	3	4	5
Hersteller (alphabetisch)	**Aser**	**Creativo**	**jukomi**	**MAXXY**	**Trackstore**
Modell	**Player No.1**	**empetre**	**Megastore**	**sound4you**	**USB-Stick**
Betriebsdauer Std.	k. A.	15	10	7	10
Formate	MP3, WMA	MP3, WMA	MP3,WMA	MP3,WMA	MP3,WMA
Sprachaufnahme	ja	ja	ja	ja	nein
Speichergröße	512 MB	512 MB	1024 MB	512 MB	128 MB
Display	ja	ja	ja	ja	nein
Gewicht in g	58	31	35	k. A.	17
USB- Anschluss	USB 2.0	USB 2.0	USB 2.0	USB 1.1	USB 1.1
USB-Kabel	ja	nein	ja	ja	nein
Kopfhörer	ja	ja	ja	ja	ja
Trageriemen	ja	nein	nein	ja	nein
Software-CD	ja	ja	ja	ja	nein
dt. Kurzanleitung	k. A.	ja	ja	ja	ja
Stromversorgung	1 x AAA/LR03	1 x AAA/LR03	1 x AAA/LR03	1 x AAA/LR03	1 x AAA/LR03
Besonderes	Equalizer	Equalizer	Equalizer	–	USB-Stick
	dt. Handbuch				
Preis in Euro	59,95	67,00	99,95	49,95	19,95

Erklärungen: k. A. = keine Angaben im Prospekt bzw. auf der Verpackung
USB: PC-Anschluss: 1.1 = ältere Version, 2.0 = neuere Version (schneller)
Equalizer: Einstellfunktion zur Klangverbesserung

1 EA

Betrachte die Tabelle. Unterstreiche alle Wörter und Abkürzungen, die dir unbekannt sind.
Notiere in einem Satz, worüber die Tabelle Auskunft gibt.

____

____

2 PA

Klärt die unbekannten Begriffe mithilfe der Wörterliste in der Randspalte.
Welche Anforderungen stellt ihr an einen MP3-Player? Was ist wichtig für euch bei der Auswahl eines Gerätes? Formuliert mindestens drei Fragen dazu:

____

____

____

____

3 PA

In der Tabelle sind fünf Geräte gegenübergestellt. Löst gemeinsam die Aufgaben.

1	Welches Gerät hat die meisten Lücken in der Beschreibung?	
2	Welches Gerät hat den größten Speicher?	
3	Welches Gerät hat den größten Lieferumfang (Zubehör)?	
4	Welches Gerät ist eigentlich ein Speicher-Stick mit MP3-Funktion?	
5	Bei welchem Gerät ist der Kaufpreis pro MB Speicher am höchsten?	
6	Welches Gerät kann nicht als Diktiergerät benutzt werden?	
7	Welches Gerät ist ein „Stromfresser"?	
8	Welche Vergleichswertung verliert Gerät 1 ganz sicher?	
9	Wie erklärt sich offensichtlich der niedrige Preis von Gerät 4?	
10	Wie erklärt sich offensichtlich der höhere Preis von Gerät 3?	

Tabellen erleichtern dir, Informationen gezielt zu suchen und schneller zu finden als in einem zusammenhängenden Text.
Informationen können übersichtlicher dargestellt werden als in einem Text.

4 GA

Vergleicht zuerst die Fragen, die ihr in Aufgabe 2 notiert habt.
Diskutiert, welche Fragen vor dem Kauf eines MP3-Players beantwortet werden müssen.
Schreibt alle Fragen eurer Gruppe auf ein Zusatzblatt.

5 GA

Entscheidet euch für ein Modell aus der Tabelle.
Entwerft für dieses Modell eine Produktempfehlung. Diese soll in der Schülerzeitung veröffentlicht werden. Die Fragen an der Tafel können euch helfen.
Ihr könnt dabei sachlich vorgehen, indem ihr klar begründet, welche Vorteile euer Favorit hat. Ihr könnt aber auch eine werbewirksame Sprache verwenden. Bestimmt fallen euch genügend Beispiele ein. Denkt an eine pfiffige Überschrift. Jedes Gruppenmitglied schreibt mit. Eure Produktempfehlungen werden dann in der Klasse vorgelesen.

EA = Einzelarbeit
PA = Partnerarbeit
GA = Gruppenarbeit
PL = Plenum

08 Wie man Tabellen und Diagramme richtig liest

Willst du wissen, welcher Handy-Typ du bist? Unter www.klett.de/klippert kannst du einen Handy-Typ-Test durchführen.

HANDY – KULT UND KOSTEN: DIE QUAL DER WAHL

Die Angebote der Prepaid-Tarifmodelle sind unübersichtlich. Erst mit einem Tarif-Vergleich wird ein Überblick über die tatsächlichen Kosten möglich.

Anbieter	crazy.de	megatoll	easyfone
Kartenpreis	19,95 €	20 €	9,95 €
Startguthaben	15 €	10 €	1 €
Anrufe ins eigene Netz pro Min.	0,06 €	0,25 €	0,04 €
Anrufe in andere Netze pro Min.	0,16 €	0,25 €	0,19 €
Anrufe ins Festnetz pro Min.	0,16 €	0,35 €	0,19 €
Abruf Mailbox	0	0	0,14 €
SMS	0,11 €	0,09 €	0,19 €
MMS (bis 300 kb)	0,39 €	0,39 €	0,39 €

1 EA

Lies die Tabelle. Was findest du besonders auffällig?

____

____

2 EA

Nicht jeder Tarif ist für jeden Telefontyp geeignet. Welcher Tarif passt am besten zu Nutzern:

a) die überwiegend ins eigene Netz telefonieren und ihre Mailbox nicht abrufen? ______________
b) die häufig ins Festnetz telefonieren und pro Tag 1-3 SMS schreiben? ______________
c) die hauptsächlich SMS schreiben und regelmäßig ihre Mailbox abrufen? ______________

3 PA

Nehmt jetzt die Anbieter genauer unter die Lupe.
Rechnet für alle drei Tarife aus (dafür könnt ihr den Taschenrechner benutzen):

a) Was kosten 30 Minuten ins Festnetz?
b) Was kosten 30 Minuten in fremde Netze?
c) Was kosten 5 Minuten täglich ins eigene Netz auf den ganzen Monat (30 Tage) gerechnet?
d) Jeder Jugendliche verschickt im Durchschnitt 15 SMS pro Woche. Was kostet das im Monat?

	a)	b)	c)	d)
crazy.de				
megatoll				
easyfone				

Teens setzen auf Prepaid: Untersuchungen haben ergeben, dass 54% der 13–15-Jährigen eine Guthabenkarte (Prepaidkarte) benutzen; nur 9% der Jugendlichen haben einen festen Vertrag über die Eltern; lediglich bei 2% läuft der feste Vertrag auf den eigenen Namen.

EA = Einzelarbeit
PA = Partnerarbeit
GA = Gruppenarbeit
PL = Plenum

HANDY – HÄUFIGSTE NUTZUNGSARTEN IM ALTER VON 13 – 16 JAHREN

(320 Jugendliche wurden befragt)

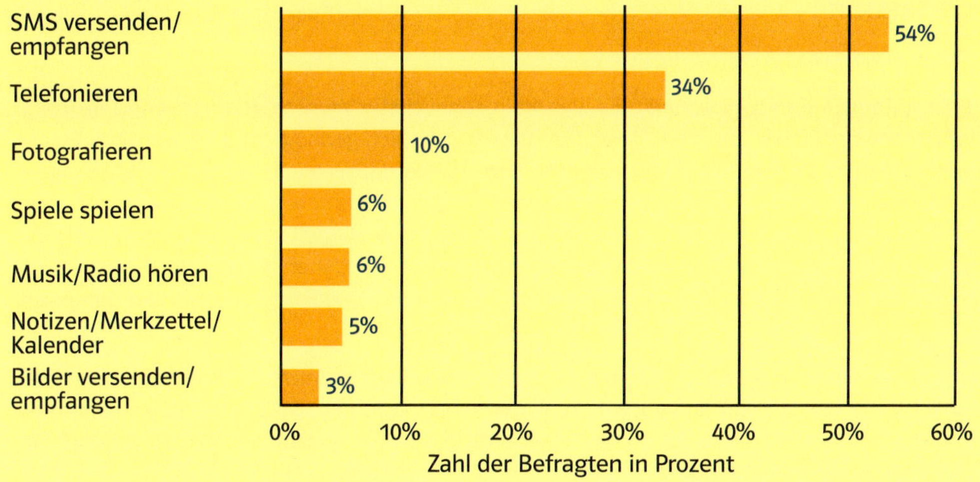

4 EA

Lies die Überschrift und formuliere in einem Satz, worüber das Balkendiagramm informiert.

5 EA

Welche Angaben enthält das Diagramm auf der x-Achse und der y-Achse?

6 PA

Fasst die Informationen des Diagramms in eigenen Worten zusammen. Verwendet keine Prozentangaben. Beginnt so:

Mehr als die Hälfte der befragten Jugendlichen im Alter von …

Tipp:

So kannst du Prozentwerte „übersetzen“:

54 %: mehr als die Hälfte

10 %: 32 der befragten Jugendlichen

3%: nur etwa jeder dreißigste Jugendliche

EA = Einzelarbeit
PA = Partnerarbeit
GA = Gruppenarbeit
PL = Plenum

09 Wie Informationen verknüpft werden

HASTE KEINS, BISTE NIX – EIN „LEIDENSBERICHT"
VON ANJA, 13 JAHRE

Vor drei Monaten bekam ich zum Geburtstag ein Handy geschenkt. Es war mein sehnlichster Wunsch. Nach langen Diskussionen mit meinen Eltern konnte ich sie davon überzeugen, dass ein Handy mit Vertrag für mich genau richtig ist. Die Vorteile, die sie dadurch haben würden, leuchteten ihnen ein. So könnten sie mich immer erreichen und ich könnte immer Bescheid sagen, wenn es später würde, die Schule früher aus wäre oder ich den Zug verpasst hätte. Sie selbst meinten, dass so der Alltag leichter zu organisieren sei. Außerdem bekommt man bei einem Vertragsabschluss das Handy dabei oft geschenkt und regelmäßig ein neues. Mir ist nämlich wichtig, dass ich immer ein neues Modell habe. Mein Handy soll gut aussehen, in und trendy sein. Denn wer will schon „uncool" sein? Alle geben mit ihren Handys an und die Extrafunktionen werden besonders gern von den Jungs diskutiert.

Im ersten Monat passte ich echt nicht auf. Ich habe für 432,35 € telefoniert, gesimst und Bilder verschickt. Allein am ersten Tag verschickte ich 50 SMS; ich wollte ja, dass alle meine Freunde meine Handy-Nummer bekommen. SMS verschicken kann man völlig problemlos während des Unterrichts. Wir haben uns sogar in der Stunde für die Pause verabredet. Supergut gefiel mir auch, dass ich meinen Freunden Bilder schicken konnte. Die konnten dann sehen, was ich gerade erlebte. Und natürlich brauchte ich auch einen eigenen Klingelton; einen, den nur ich habe und an dem ich sofort mein Handy erkenne. Meine Freundinnen und ich vereinbarten, dass wir Songs von Tokio Hotel als Klingeltöne nehmen würden. Die sind echt klasse. Na ja, ein neues Logo musste auch her. Ich finde den Kussmund, der sich beim Anruf bewegt, einfach süß. Das Prinzip mit der „Premium-SMS-Nummer" verstand ich am Anfang nicht. Was das kostet, stand nämlich nur ganz winzig klein in der Werbeanzeige. Ich dachte, SMS ist SMS und kostet 19 Cent. Falsch gedacht! Was aber der Hammer war, war diese Flirthotline. Eigentlich schickte ich nur aus Blödsinn die erste SMS dorthin. Aber Jonas antwortete so lieb, dass ich einfach wieder schreiben musste. Das ging neun Tage ständig hin und her. Es war so schlimm, dass ich mein Handy sogar mit ans Bett nahm. Immer wartete ich auf eine Antwort von ihm. Heute weiß ich, dass es Jonas gar nicht gibt. Ein Callcenter beantwortete meine SMS und schaffte es, mich möglichst lange bei der Stange zu halten. Kontakt mit Gleichaltrigen? Fehlanzeige! 99 Cent kostete mich das Ganze pro Nachricht. Ich könnte heulen vor Wut.

Jetzt stehe ich da – ohne Handy. Meine Eltern sind völlig ausgerastet. Die Rechnung wurde von ihrem Konto abgebucht, weil ich ja noch keinen Vertrag abschließen darf. Dazu muss man 18 Jahre alt sein; ansonsten muss ein Erziehungsberechtigter den Vertrag unterschreiben. Meine Eltern haben mein Handy sofort „eingezogen". 400 € musste ich ihnen von meinem sauer Ersparten abtreten. Ich komme mir völlig ausgeschlossen vor. Am letzten Samstag stand ich alleine am Kinocenter, weil ich nicht mitbekommen hatte, dass alle zur Party waren. Ohne Handy und ohne SMS bist du einfach out. Ich halte das nicht mehr aus und brauche mein Handy für den Kontakt. Sonst wird alles total einsam.

Wichtige Tipps zum richtigen Umgang mit dem Handy erhältst du als Faltblatt „Tipps to go" unter www.klett.de/klippert

1 EA

Lies den „Leidensbericht" von Anja. Markiere die Gründe, warum Anjas Handyrechnung so hoch ist. Was würdest du ihr raten?

____

____

2 PA

Wie beurteilt ihr Anjas Umgang mit dem Handy? Ist ein Handy wirklich „notwendig"? Notiert stichhaltige Gründe, warum ein Jugendlicher ein Handy besitzen sollte.

____

____

____

____

____

EA = Einzelarbeit
PA = Partnerarbeit
GA = Gruppenarbeit
PL = Plenum

3 GA

Stellt euch vor, ihr wollt ein neues Handy kaufen. Dazu geht ihr in ein Handy-Geschäft eurer Wahl und lasst euch beraten.
Eure **Aufgabe** ist es, das **Verkaufsgespräch** vorzubereiten. Nutzt dazu die Informationen aus der Tabelle von S. 16, dem Diagramm von S. 17 und dem Text von S. 18.

EINZELINFORMATIONEN VERKNÜPFEN – EIN VERKAUFSGESPRÄCH VORBEREITEN

Gruppe 1: Ihr bereitet die Rolle des Jugendlichen/der Jugendlichen vor.
Erstellt ein Nutzerprofil. Berücksichtigt dabei, was dem jugendlichen Käufer wichtig ist und wie er sein Handy nutzen will. Denkt an die Kosten und das Taschengeld.
Formuliert Fragen, die der Jugendliche/die Jugendliche dem Verkäufer stellt.

Gruppe 2: Ihr bereitet die Rolle des begleitenden Erwachsenen vor.
Der Jugendliche/die Jugendliche wird von einem Erziehungsberechtigten ins Geschäft begleitet. Notiert Fragen, die der Erwachsene stellen wird. Überlegt euch auch, welche Einwände vom Jugendlichen/von der Jugendlichen kommen könnten und wie ihr diese entkräften werdet.

Gruppe 3: Ihr bereitet die Rolle des Verkäufers vor.
Ein guter Verkäufer will nicht nur sein Produkt verkaufen, er berät auch. Welche Punkte sollte der Verkäufer erfragen, bevor er zu einem Produkt und Tarif rät? Notiert die Fragen. Macht euch Gedanken, was der junge Kunde/die junge Kundin und die erwachsene Begleitung vom Verkäufer wissen möchten und erstellt einen möglichen Antwortenkatalog.

Handys machen Spaß, die Kosten nicht:
34% des Taschengelds geben 13–15-Jährige für die Handy-Kosten aus.

4 GA

Probt in Dreiergruppen das Verkaufsgespräch. Im Anschluss werden geloste Dreierteams im Plenum präsentieren.

5 PL

Für die Rückmeldung im Anschluss an die Rollenspiele habt ihr folgende Aufgabe:
Gruppe 1 beobachtet die Rolle des **Erwachsenen**,
Gruppe 2 beobachtet die Rolle des **Verkäufers**,
Gruppe 3 beobachtet die Rolle des **Jugendlichen**
unter Beachtung folgender **Leitfragen**:

- Wurde die Rolle überzeugend gespielt?
- Wurden die Informationen aus der Tabelle, dem Diagramm, dem Text zur Argumentation herangezogen?
- Was ist am Gesprächsverhalten positiv bzw. negativ aufgefallen?

ZUSATZAUFGABEN:

SMS-TAGEBUCH

- Hast du Lust, ein SMS-Tagebuch zu führen? Schreibe ein Wochenende lang alle eingehenden SMS auf und auch alle SMS, die du abschickst. Stelle dann eine Auswahl zusammen und lasse sie von deinen Mitschülern (und Lehrern) „übersetzen".
- Welche Merkmale hat eure SMS-Sprache? Wird sie von allen Lesern verstanden? Wo gibt es Schwierigkeiten? Was kann zu Missverständnissen führen?
- Sammelt Pro-Argumente, die für das Versenden von SMS in eurer eigenen Sprache sprechen, und Kontra-Argumente, die die Gefahren aufzeigen.
- Diskutiert die Vor- und Nachteile von Kurznachrichten in der Klasse.

HANDY-DIALOG

- Schreibe einen Dialog zwischen zwei Handys im Lautlos-Modus, die sich während des Unterrichts unterhalten.

EA = Einzelarbeit
PA = Partnerarbeit
GA = Gruppenarbeit
PL = Plenum

10 Das kann ich jetzt

Wie du weißt, gehört die Arbeit mit Texten zum „täglichen Brot" eines Schülers. Aber nicht nur in der Schule begegnen dir Texte in allen Formen auf Schritt und Tritt – auch im täglichen Leben entnimmst du ständig Informationen aus Zeitschriften, Werbeanzeigen, Handyverträgen, dem Internet usw.

1 EA

In den letzten Unterrichtsstunden hast du den Umgang mit Sach- und Gebrauchstexten geübt. Schätze dich nun selbst ein: Was kannst du wirklich gut? In welchen Bereichen hast du noch Schwierigkeiten?
Sei ehrlich zu dir selbst und überprüfe dein Können kritisch.
Kreuze an, ob du die folgenden Arbeitstechniken gut beherrschst oder ob du noch üben musst.
Notiere danach in Stichpunkten, was du dir besonders merken musst. Du brauchst sicher ein Zusatzblatt.

Wie gut beherrschst du folgende Arbeitstechniken?		Das kann ich gut.	Das muss ich noch üben.	Das muss ich mir merken.
1.	Einen Text überfliegend lesen und verstehen.			
2.	Wichtige Informationen aus Texten herausfinden.			
3.	W-Fragen formulieren.			
4.	Schlüsselwörter markieren.			
5.	Für Textabschnitte Überschriften finden.			
6.	Nachschlagewerke gezielt nutzen.			
7.	Einen Stichwortzettel anfertigen.			
8.	Den Inhalt übersichtlich zusammenfassen.			
9.	Ein Schaubild/Schema erstellen.			
10.	Schaubilder bzw. Tabellen verständlich erklären.			
11.	Den Textinhalt in einem Kurzvortrag wiedergeben.			
12.	Zu einem Thema selbst etwas schreiben.			

2 PA

Geht gemeinsam die Tabelle durch. Macht euch bewusst, was ihr an Methoden, Tipps und Regeln zum Thema kennen gelernt habt. Was könnt ihr richtig gut? Was war neu für euch? Welche Fragen sind offen geblieben? Wo gibt es noch Schwierigkeiten?
Entwickelt für jeden von euch einen „Trainingsplan", aus dem klar ersichtlich wird, wie ihr eure Schwierigkeiten angehen werdet. Das heißt, ihr müsst euch konkrete Übungsaufgaben überlegen.

3 GA

Erläutert eure „Trainingspläne" in der Zufallsgruppe. Ergänzt eure Pläne um weitere Vorschläge und Tipps, die ihr für hilfreich und sinnvoll erachtet.

4 GA

Betrachtet nun eure Selbsteinschätzung auf Seite 4, die ihr vor dem Beginn dieser Unterrichtsreihe ausgefüllt habt. Was fällt euch auf? Diskutiert in der Gruppe, ob eure damaligen Einschätzungen realistisch waren.

EA = Einzelarbeit
PA = Partnerarbeit
GA = Gruppenarbeit
PL = Plenum

01 Wie gut ist diese Präsentationsvorlage?

Stelle dir folgende Situation vor: Ein Lehrer hat die Hausaufgabe gestellt, aus den Ergebnissen einer Untersuchung eine Präsentationsvorlage (Folie) zu gestalten. Inhaltlich geht es um die beliebtesten Persönlichkeiten heutiger Jugendlicher. Eine Folie sieht so aus:

1 EA

Schau dir die Folie genau an. Ist sie geeignet, Informationen gut zu vermitteln?
Notiere, was an der Folie zu verbessern wäre. Orientiere dich an den Begriffen Schriftart, Farbe, Form und Anordnung der Elemente.

Eine gute Präsentationsvorlage ist klar aufgebaut. Der Betrachter erkennt auf einen Blick wichtige und weniger wichtige Teile.

2 PA

Tauscht euch über eure Einschätzungen zur Folie aus. Was ist nicht gut gelungen?

3 GA

Setzt euch in einer Gruppe zusammen und einigt euch, welche Schwachpunkte ihr in der Folie gefunden habt (bis zu 5 Punkte). Überlegt, wie ihr die Folie besser gestalten könnt. Die Ergebnisse eurer Gruppe werden im Plenum vorgetragen.

4 GA

Verarbeitet in der Gruppe die neu gewonnenen Informationen. Entwerft Regeln zur richtigen Gestaltung einer Präsentationsvorlage. Nutzt dafür Flip-Chart-Papier und verschiedene Farbstifte, um eure „Goldenen Regeln“ angemessen darzustellen.

EA = Einzelarbeit
PA = Partnerarbeit
GA = Gruppenarbeit
PL = Plenum

02 Gib deinem Lehrer eine Note!

Wie verhält man sich richtig, wenn man Inhalte präsentiert oder einen Vortrag hält?

Ein Vortrag (eine Präsentation) gelingt, wenn ein interessanter Inhalt in überzeugender Weise vorgetragen wird. Für den Inhalt gibt es einiges zu beachten. Es dürfen keine falschen Angaben enthalten sein, die Inhalte müssen aufeinander bezogen sein, sodass der berühmte rote Faden zu erkennen ist. Die Angaben müssen verständlich und gut geordnet sein. Da man für eine überzeugende Darstellung oft auf Wissen zurückgreift, das man aus Büchern, Zeitschriften und aus dem Internet gewonnen hat, muss man immer angeben, von wem diese Informationen stammen. Genaue Quellenangaben und Informationen, was man daraus gemacht hat, sind erforderlich, um sich nicht den Vorwurf gefallen lassen zu müssen: Das ist alles nur geklaut.
Genauso wichtig wie gute Inhalte sind klare Verhaltensformen beim Vortragen. Man lässt sich von einem ruhig und freundlich wirkenden, deutlich sprechenden Redner gerne überzeugen. Ein Redner, der das gesamte Publikum mit seinen Blicken erfasst, seine Hände und Arme natürlich bewegt, wirkt überzeugend. Wenn es ihm dann noch gelingt, den Anfang und das Ende seines Vortrages gut zu inszenieren, wird er seine Zuhörer gewinnen und überzeugen.

Tipp:
Achte darauf, wen der Vortragende anschaut, welchen Weg seine Füße gehen und wo seine Hände sind!

1 EA

Dein Lehrer oder ein Mitschüler hält einen nicht ganz perfekten Vortrag. Beobachte sein Verhalten. Finde Schwächen und Fehler. Überlege dir, welche Note der Vortragende aus deiner Sicht verdient. Begründe, warum du diese Note gibst.

2 PA

Tauscht euch darüber aus, welche Fehler und Schwächen ihr gefunden habt.
Einigt euch auf die wichtigsten Punkte, die im Vortrag nicht gut gelungen waren.
Macht euch Notizen.

3 GA

Einigt euch in eurer Gruppe, welche Note ihr gemeinsam vertreten könnt. Solltet ihr keine gemeinsame Note finden, stellt dar, wie sich eure Einschätzungen unterscheiden. Begründet in jedem Fall eure Notenentscheidung und haltet diese auf Karten fest.

4 PL

Einige Gruppen tragen ihre Note mit Begründung vor. Überlegt im Plenum, ob alle wichtigen Argumente genannt wurden. Ergänzt weitere Begründungen.

5 EA

Lege einen Themenspeicher in deinem Heft an, der alle wichtigen Ergebnisse enthält.

EA = Einzelarbeit
PA = Partnerarbeit
GA = Gruppenarbeit
PL = Plenum

03 Perfekte Plakatgestaltung – wie geht das?

Damit man seine Ideen und Inhalte gut darstellen kann, braucht man eine genaue Vorstellung, was man vermitteln will. Man benötigt die passenden Medien, um die Gedanken und Inhalte zu verdeutlichen. Man muss wissen, wie man die Ideen und Inhalte „visualisiert", also in Texte und Bilder umsetzt. Dazu gestaltet man Präsentationsvorlagen, die mit den Medien gezeigt werden. Zur Gestaltung der Vorlagen werden Texte, Symbole, freie Grafiken, Bilder, Tabellen, Diagramme und Schemata benutzt. Die Kunst besteht darin, aus diesen so genannten Gestaltungselementen eine Präsentationsvorlage anzufertigen. Diese muss übersichtlich sein und informieren. In Betrieben und an Schulen werden folgende Präsentationsmedien und Präsentationsvorlagen am häufigsten verwendet:

Präsentationsmedien	**Präsentationsvorlage**
Flip-Chart	Plakat
Overhead-Projektor	Folie
Pinnwand	Papier, Karten in verschiedenen Formen und Farben
Computer und Beamer	digitalisierte „Folien" (z. B. PowerPoint)

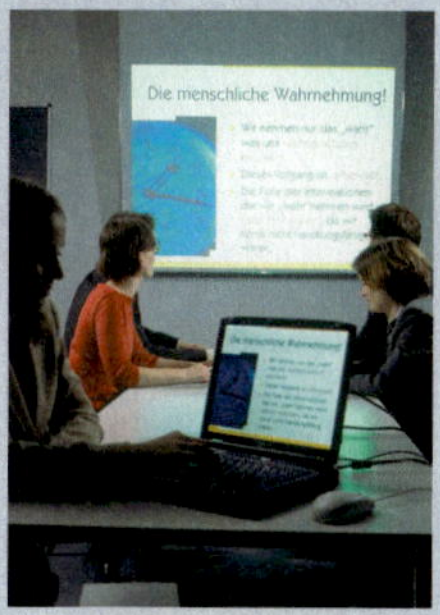

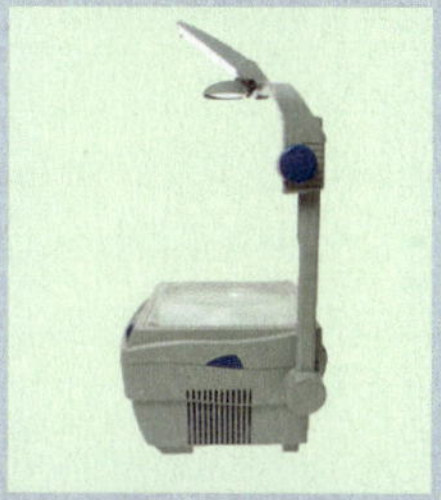

1 EA

Lies dir den vom Lehrer zugeteilten Informationstext durch und markiere die wichtigsten Aussagen, um später dazu Regeln zu entwickeln.

2 GA

Tausche dich mit Mitschülern, die den gleichen Text haben, aus. Überlegt, wie ihr die Informationen aus dem Text zu Regeln umformulieren könnt. Notiert eure Formulierungen, um sie im Plenum vorzustellen.

3 GA

Entwickelt in eurer Gruppe zu dem von euch bearbeiteten Text Regelplakate. Berücksichtigt dabei die Regeln zur Visualisierung und zum Einsatz der Gestaltungselemente, die ihr eurem Text entnommen habt. Hängt die fertigen Plakate auf. Danach werden alle Plakate mit einem Bewertungsbogen bewertet.

Eine gute Visualisierung besteht aus mehreren Elementen, die sich zu einem Gesamtbild zusammenfügen. Die bekanntesten Elemente sind: Texte, grafische Elemente, Symbole, Bilder und Listen (Aufzählungen).

Gestaltungselemente einer Präsentation

Auf **Text** kann man in keiner Visualisierung verzichten. Was dabei besonders zu beachten ist, erarbeitet die Gruppe, die sich mit dem Thema „Visualisieren mit Text und Filzstiften" beschäftigt. **Grafische Elemente und Symbole** helfen, Informationen hervorzuheben und zu unterstützen. Es gibt dazu spezielles Moderationsmaterial, das durch verschiedene Formen und Farben (Kreise, Rechtecke, Wolken und ovale Formen) das Auge des Betrachters auf konkrete Stellen lenkt. Man darf sie nur sparsam einsetzen, um den gewünschten Effekt zu erzielen. Eine mit vielen unterschiedlichen Formen und Farben überfrachtete Präsentationsvorlage (Plakat, Flip-Chart, Folie) wirkt unruhig und führt meist dazu, dass der Betrachter verwirrt abschaltet.

Bilder und **Symbole** sind fast immer eine Bereicherung, allerdings müssen sie sehr gut zum Inhalt passen und auch aus einiger Entfernung zu erkennen sein. Ein Bild, auf dem das Dargestellte nur aus unmittelbarer Nähe zu erkennen ist, kann für eine Ausstellung oder einen Museumsrundgang hilfreich sein. Für eine Präsentation vor Publikum ist es nur geeignet, wenn der Inhalt von allen Plätzen sicher zu erkennen ist.

Häufig werden inhaltliche Elemente, die zusammengehören, in Form von **Listen** dargestellt. Das hat den Vorteil, dass Zuhörer oder Betrachter leicht den Überblick gewinnen und die Einzelteile zuordnen können. Wichtig sind die **Überschriften**. Sie müssen genau das bezeichnen, was übergeordnet für alle Teile gilt. **Hervorhebungen durch Farben, Rahmen und Aufzählungszeichen** sind gute Helfer, um Übersichtlichkeit herzustellen.

EA = Einzelarbeit
PA = Partnerarbeit
GA = Gruppenarbeit
PL = Plenum

Visualisieren mit Text und Filzstiften

Trotz Computer und PowerPoint werden die meisten Informationen für (kurze) Präsentationen mit der Hand geschrieben. Ein wichtiger Vorteil dieser Form ist: Immer und überall kann mit Stift und Papierbogen eine Visualisierung gestaltet werden. Damit deine in Handarbeit erstellten **Plakate** und **Flip-Chart-Bögen** gut beim Betrachter ankommen, musst du darauf achten, dass sie gut lesbar sind. Das erreichst du, indem du Druckschrift verwendest, Groß- und Kleinbuchstaben einsetzt und mit breiten Filzstiften (Eddingstiften) arbeitest. Reduziere deine Texte auf wenige „kernige“ Begriffe. Lange Sätze will niemand auf einem Plakat lesen. Außerdem ist der knapp bemessene Platz kostbar!

Unterteile deine Inhalte in klare **thematische Blöcke**, die durch **Überschriften** leicht zu unterscheiden sind. Ein wichtiges optisches Hilfsmittel sind **Farben**. Du kannst zum Beispiel alle Überschriften in roter Farbe, die untergeordneten Teile in blauer Farbe gestalten. Auch bei den Farben empfiehlt sich Sparsamkeit. Neonfarben wirken grell und helfen nicht wirklich.

Farblich abgesetzte **Pfeile und Linien** sind gute Helfer, um das Auge des Betrachters zu lenken.

Große Aufmerksamkeit kannst du erzielen, wenn du gut zeichnen kannst. Kleine, gelungene **Zeichnungen** wirken sehr positiv auf die Betrachter. Für alle Elemente gilt: Wenig hilft viel!

Diagrammformen:

Säulendiagramm

Tortendiagramm

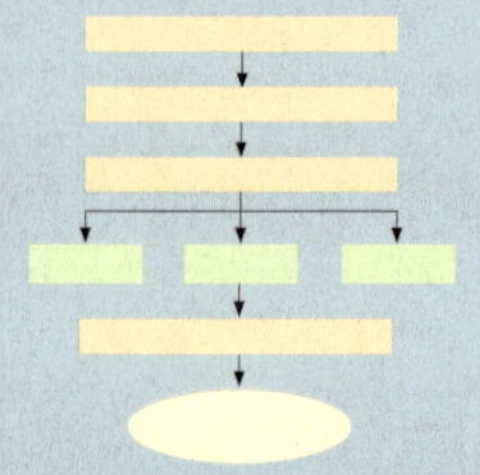

Flussdiagramm

Tabelle:

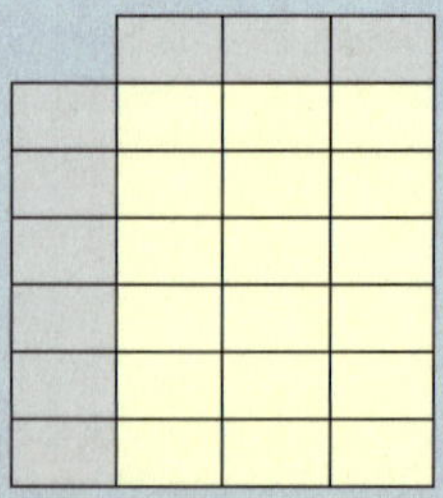

Informationsträger einer Präsentation

Es gibt mehrere Möglichkeiten, eure Informationen, die ihr in Schrift und Bilder umgesetzt habt, den Mitschülern zu zeigen. Neben der Tafel, die ihr aus dem Unterricht kennt, gibt es die Möglichkeit, **Plakate** und **Flip-Chart-Bögen** zu gestalten. Bei diesen Produkten stehen von Hand gemachte Texte und grafische Elemente im Vordergrund. Was dabei besonders zu beachten ist, erarbeitet die Gruppe, die sich mit dem Thema „Visualisieren mit Text und Filzstiften“ beschäftigt. Ein wichtiger Vorteil der Handarbeit ist, dass sie ohne große Vorbereitung mit wenig Materialien ohne Geräte einzusetzen ist.

Auch **Pinnwände** sind gut geeignet, Informationen und Visualisierungen zu transportieren. Es bietet sich an, **Moderationsmaterial** (Moderationskarten, Rechtecke, Ovale, Pfeile, Kreise) zu beschriften und nach einem verabredeten Plan aufzuhängen. Großer Vorteil dieser Form ist, dass Gruppen eine lebendige Präsentation gestalten können, bei der alle Mitglieder aktiv werden.

Eine Präsentation mit **Overhead-Projektor** lebt von einer gut gestalteten **Folie**. Sie muss klar gegliedert sein, darf nur wenig Text enthalten und sollte durch Farbe und grafische Elemente aufgelockert werden. Wichtig ist, dass alle Elemente, die auf einer Folie sind, auch groß genug auf der Präsentationsfläche erscheinen. Ein entscheidender Vorteil der Folie liegt darin, dass sie für alle Beteiligten leicht zu kopieren ist.

Eine Präsentation mit **Computer und Beamer** hat viele Vorteile, aber auch genauso viele Nachteile. Man ist immer abhängig von der Technik, weiß nicht wirklich, ob alles klappt (Kann der Computer meine PowerPoint-Version lesen? Hoffentlich scheint die Sonne nicht direkt auf die Präsentationsfläche! Wo stelle ich mich hin – oder bleibe ich sitzen?). Wenn alles klappt, ist die Wirkung groß! Allerdings darf man auch hier nur sparsam Effekte einsetzen. Die fliegenden Buchstaben mit Schreibmaschinengeräusch will keiner mehr sehen bzw. hören. Hier hilft wenig viel!

Tabellen und Diagramme

Mit **Tabellen** und **Diagrammen** kann man gut überzeugen! Sie sind als Informationsträger angebracht, wenn es um **Aufzählungen, viele Zahlen, Entwicklungen und Abläufe** geht. Jeder kennt Tabellen, z. B. die Bundesliga-Tabelle. Auch Stundenpläne werden häufig in Tabellenform dargestellt. Weniger bekannt sind Diagramme, obwohl sie oft im Fernsehen zu sehen sind. Bei der Auswertung von Wahlen werden Stimmenentwicklungen in **Balkendiagrammen** und Sitzverteilungen für das Parlament in **Kreis- oder Tortendiagrammen** visualisiert. Firmen veröffentlichen ihre Verkaufszahlen mit Hilfe von mehrfarbigen **Säulendiagrammen**, um Entwicklungen zu veranschaulichen.

Tabellen und Diagramme können gut mit dem Computer (Excel oder OpenOffice.org Calc) erstellt werden. Bei richtiger Bedienung entwickeln die Programme per Mausklick aus Zahlenkolonnen wunderschöne Diagramme. Hier ist Vorsicht geboten: viele Zahlen, Tabellen und Diagramme schaffen leicht Verwirrung. Der berühmte *rote Faden* muss immer vorhanden sein, sonst verliert sich der Zuschauer/Zuhörer im Zahlengewirr.

EA = Einzelarbeit
PA = Partnerarbeit
GA = Gruppenarbeit
PL = Plenum

04 Was präsentiere ich womit?

1 EA

Wenn du dich an den Unterricht der letzten zwei Jahre erinnerst, fallen dir Situationen ein, in denen Mitschüler und Lehrer kleine und größere Vorträge/Präsentationen im Unterricht gehalten haben. Notiere möglichst konkret, was dir an diesen Vorträgen/Präsentationen gut gefallen hat und was du als nicht gelungen oder störend empfunden hast.

2 GA

Tauscht euch in eurer Gruppe über eure Erfahrungen mit Vorträgen/Präsentationen im Unterricht aus. Berichtet über gelungene und weniger gelungene Beispiele. Einigt euch auf ein positives und ein negatives Beispiel aus eurer Unterrichtspraxis, das dann der Klasse vorgestellt wird. Verwendet dazu kurze, treffende Formulierungen und Schlüsselbegriffe.

3 PL

Ein Schüler eurer Klasse sammelt an der Tafel, was ihr über positive und negative Erfahrungen mit Präsentationen berichten könnt. Nennt Schlüsselbegriffe, die knapp beschreiben, was euch aufgefallen ist.

4 EA

Dein Lehrer erklärt in einem kurzen Vortrag, was bei einer guten Präsentation zu beachten ist. Er geht dabei besonders darauf ein, mit welchen Präsentationsmedien ihr arbeiten könnt und was ihr dabei beachten müsst. Deine Aufgabe ist es, die wichtigen Informationen des Vortrags zu notieren und sinnvoll zu ordnen.

5 GA

Tauscht euch in eurer Gruppe über eure Mitschriften zum Lehrervortrag aus. Klärt, was bei den einzelnen Präsentationsformen zu beachten ist. Sollte etwas nicht klar sein, formuliert es als Frage.

6 GA

Entwickelt zu der Präsentationsform, die ihr vom Lehrer zugeteilt bekommt (Folie, Plakat, Pinnwand), eine Präsentationsvorlage. Beachtet möglichst alle Besonderheiten, die für eure Präsentationsform gelten. Klärt in der Gruppe, wie ihr eine überzeugende Präsentation mit eurer Vorlage durchführt.

7 PL

Die Arbeitsergebnisse der einzelnen Gruppen werden vorgestellt. Achtet darauf, ob bei den Präsentationen die Besonderheiten der jeweiligen Präsentationsform sinnvoll umgesetzt werden. Notiert, was gut und was weniger gut umgesetzt wird.

Präsentationen lassen sich in Einleitung, Hauptteil und Schluss gliedern.

Legt bei allen Gruppenaufgaben zuerst Zeitwächter fest.

Überlegt, ob ihr Spezialisten in der Gruppe habt, die besonders gut zeichnen oder sehr deutlich schreiben können. Legt genau fest, welche Aufgaben bei der Präsentation von wem erledigt werden.

EA = Einzelarbeit
PA = Partnerarbeit
GA = Gruppenarbeit
PL = Plenum

05 Eine Präsentation wird bewertet

Wer eine gelungene Präsentation hält, will auch eine gute Note für seine Leistung erhalten. Es ist nicht leicht, unterschiedliche Präsentationen gerecht zu bewerten.
Soll ein besonderer Aufwand, den ein Schüler betrieben hat, berücksichtigt werden? Soll in die Note einfließen, ob er viele Medien verwendet hat? Soll das Verhältnis von Inhalt und Präsentationsverhalten gleichermaßen bewertet werden? Sollen alle Gruppenmitglieder die gleiche Note erhalten?
Das sind Fragen, auf die es eine Antwort gibt: Jeder muss *vorher* wissen, wie die Note festgelegt wird. Dafür gibt es Bewertungsbögen. Es gibt einfache und komplizierte Bögen. Sie müssen erprobt werden und man kann sie den eigenen Bedürfnissen anpassen. Man braucht Übung, um sie sicher einsetzen und ihre Qualität beurteilen zu können. Beim aufmerksamen Beobachten von Präsentationen kann man sehr viel für die eigene Präsentation lernen!

1 GA

Tauscht euch in der Gruppe aus, wie ihr gute von weniger guten Präsentationen unterscheidet. Orientiert euch an folgenden Begriffen: Einstieg und Ende, Aufbau, Inhalt, Sprache und Sprechweise, verwendete Präsentationsmedien und Visualisierungen.

2 GA

Erstellt in eurer Gruppe „Regeln für eine gelungene Präsentation“. Sammelt und notiert zunächst wichtige Punkte und Unterpunkte, ohne fertige Formulierungen aufzuschreiben.
Nutzt dabei die Begriffe aus Aufgabe 1.

3 GA

Erarbeitet in der Gruppe eine Präsentationsvorlage (Folie, Plakat oder Pinnwand), mit der ihr eure „Regeln für eine gelungene Präsentation“ darstellen könnt. Berücksichtigt die Besonderheiten der einzelnen Präsentationsmedien, die euch zugeteilt werden. Klärt genau, wie die Präsentation ablaufen soll: Wer ist wofür zuständig? Wer steht wo bei der Präsentation? Wer sagt wann was?
Die Präsentation soll maximal fünf Minuten dauern!

4 EA

Beobachte, wohin die präsentierenden Schüler schauen: Sehen sie nur den Lehrer an oder schauen sie in die Klasse?

Nach jeder Präsentation wirst du aufgefordert, für die Präsentationsleistung eine Note zu geben. Dazu erhältst du die Kopie des Bewertungsbogens von Seite 27. Schau dir vor der Präsentation den Bogen an. Welche Felder können wie ausgefüllt werden? Da es sehr viele Punkte zu beachten gibt, kannst du den Bogen nicht während der Präsentation ausfüllen und gleichzeitig die Vortragenden beobachten. Drehe deshalb den Bogen um, nachdem du ihn gelesen hast. Während der Präsentation kannst du dir Notizen machen. Nach der Präsentation füllst du den Bogen in Ruhe aus.

5 PA

Vergleicht eure Noten, die ihr gegeben habt. Tauscht euch aus, wie eure Noten zustande gekommen sind. Einigt euch – bei unterschiedlichen Noten – auf eine gemeinsame Note und begründet sie. Wenn ihr euch nicht einigen könnt, begründet, warum euch das nicht möglich ist.

6 PL

Einige aus eurer Klasse werden aufgefordert, der Gruppe, die präsentiert hat, Rückmeldungen und eine Note zu geben. Das ist eine schwierige Aufgabe. Ihr müsst loben und kritisieren, ohne eure Mitschüler zu verletzen. Es hat sich bewährt, zuerst die positiven Teile ausführlich zu besprechen. Dann solltet ihr hilfreiche Hinweise geben, wie schwache Teile verbessert werden können. Beginnt mit den Formulierungen:
An eurer Präsentation hat uns gut gefallen, dass …; Eure Präsentation wird besser, wenn …

EA = Einzelarbeit
PA = Partnerarbeit
GA = Gruppenarbeit
PL = Plenum

Was empfinden Mitschüler, wenn sie von präsentierenden Schülern nicht angeschaut werden?

BEWERTUNGSBOGEN

Kriterien	**Anmerkungen**	**Teilnoten, Gesamtnote**
Quellen		
Woher kommen die Informationen?		
Sind die Informationen vollständig?		
Aufbereitung/Inhalt		
Sind die Aussagen verständlich?		
Ist der Aufbau zu verstehen?		
Sind die Aussagen richtig?		
Sprache		
Sind die Sprecher gut zu verstehen?		
Werden Fachbegriffe richtig benutzt?		
Präsentation		
Werden die Präsentationsmedien (Flip-Chart, Beamer usw.) richtig genutzt?		
Gibt es Zeitvorgaben? Werden sie eingehalten?		
Gesamtnote		

Hinweise für Rückmeldungen

An eurer Präsentation hat uns gut gefallen, dass …

Eure Präsentation wird besser, wenn …

06 Tabellen mit Hand und Computer erstellen

1 EA

In einem Lehrervortrag erhältst du wichtige Informationen zum Thema Tabellen und Listen.
Notiere die notwendigen Informationen, um die Unterschiede im Aufbau von Tabellen und Listen zu beschreiben. Überlege dir, was man sinnvoll mit Tabellen und Listen darstellen kann.

2 EA

Tipp:
Hebe die Kopfleiste und Vorspalte deutlich (mit Farben und großer Schrift) hervor!

Konstruiere eine Tabelle mit den Angaben aus folgendem Text. Sie soll alle Informationen enthalten, die nötig sind, damit sich die Eltern schnell einen Eindruck über die Projekttage verschaffen können.

Dein Klassenlehrer hat der Klasse mitgeteilt, dass nach den Osterferien Projekttage an der Schule stattfinden. Und zwar sollen die Klassen 5–7 Montag und Dienstag, die Klassen 8–10 Mittwoch und Donnerstag ganztags Projektunterricht haben. Der Freitag ist als Präsentationstag vorgesehen. Von der 1.–6. Stunde werden die Klassen mit Plakaten und Präsentationen von ihren Projekten berichten. Damit möglichst alle die Präsentationen erleben können, werden die Präsentationszeiten festgelegt. In der ersten Stunde beginnen die 5. Klassen, in der zweiten Stunde die 6. Klassen, in der dritten Stunde die 7. Klassen, in der 4. Stunde die Klassen 8, in der 5. Stunde die Klassen 9. Den Abschluss bilden die 10. Klassen in der sechsten Stunde.

3 GA

Lest euch die Leitfragen durch. Überprüft, ob eure Tabellen sinnvoll gestaltet sind. Helft euch, die einzelnen Lösungen zu verbessern. Wählt eine Lösung aus, die ihr im Plenum vorstellen könnt.

Wenn deine Lösung gut ist, kannst du mit der Tabelle in der Hand – ohne den Text zu benutzen – einen Zuhörer umfassend informieren.

Leitfragen:
- Sind Kopfleiste und Vorspalte sinnvoll gewählt?
- Sind die Verbindungen von Zellen, Kopfleiste und Vorspalte durchweg richtig gestaltet?
- Ist die Tabelle übersichtlich und gut lesbar?
- Enthält die Tabelle alle gewünschten Informationen?

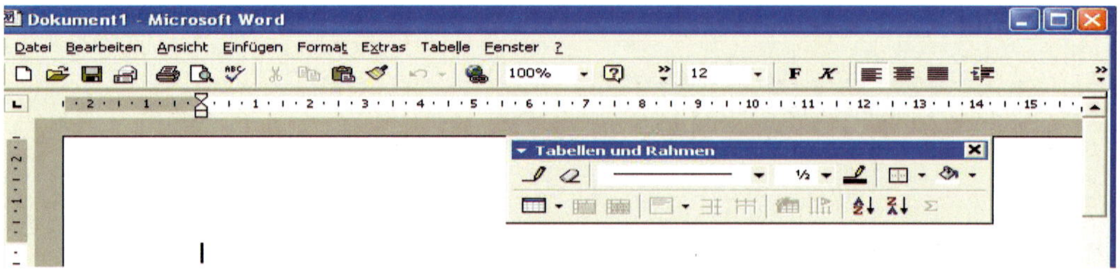

4 PA

Mit den Textbearbeitungsprogrammen Word und OpenOffice.org Writer kann man Tabellen im Computer erstellen. Welche Erfahrungen habt ihr mit Tabellenkalkulationsprogrammen (Excel, OpenOffice.org Calc)? Erstellt eine erste Tabelle am Computer. Dabei arbeitet immer ein „Experte" mit einem „Laien".
Der Experte muss sich auf seine Rolle folgendermaßen vorbereiten: Vorausgesetzt, du hast schon Tabellen in Word/OpenOffice erstellt, wie würdest du einem Mitschüler erklären, wie man das macht?

EA = Einzelarbeit
PA = Partnerarbeit
GA = Gruppenarbeit
PL = Plenum

07 Diagramme mit dem Computer erstellen

Die Familie eines Mitschülers hat ein kleines Geschäft. Den größten Umsatz macht das Geschäft mit Jeans, Sweatshirts, Polohemden und T-Shirts. Um zu sehen, wie sich der Umsatz zusammensetzt, werden die Verkaufszahlen vierteljährlich mit dem Vorjahr verglichen.

	Jeans	Polos	Sweatshirts	T-Shirts
Jan 05	28	56	48	25
Feb 05	32	42	51	23
März 05	36	48	53	30
Jan 06	34	51	46	22
Feb 06	39	61	57	24
März 06	41	59	53	21

1 EA

Wie würdest du die Zahlen mit oder ohne Computerprogramm grafisch aufbereiten, damit sie gut zu erfassen sind? Gestalte entsprechend eine Tabelle und ein Diagramm.

2 PA

Vergleiche deine Lösung mit der eines Partners. Was ist gut, was weniger gut gelungen? Einigt euch auf eine gemeinsame Lösung.

3 PA

Bereitet euch darauf vor, euer Ergebnis im Plenum vorzustellen. Wie könnt ihr eure Lösung an der Tafel überzeugend darstellen?

4 PA

Lest euch die Kurzanleitung durch und überlegt, wie ihr die Zahlen in das Programm eingeben müsst. Versucht aus den Zahlen Diagramme zu gestalten. Auf S. 30 sind bereits zwei Beispiele abgebildet. Versucht, diese Diagrammformen nachzubilden.

Einige Schüler eurer Klasse sind Experten im Umgang mit Excel und OpenOffice. Wenn es Probleme bei der Bearbeitung der Aufgaben 1 bis 3 gibt, formuliert Fragen, die vom „Expertenteam" eurer Klasse beantwortet werden müssen.

Kurzanleitung: Diagramme mit Excel erstellen

Tabellenwerte können in Balken-, Linien-, Säulen- und Kreisdiagramme umgeformt werden.
Die Programme Excel und OpenOffice.orgCalc bieten einen Programm-Assistenten an. Er öffnet sich selbständig, wenn du auf den Button mit den bunten Säulen in der Symbolleiste drückst. Wenn du Erfahrung mit Excel und OpenOffice.org Calc hast, kannst du auch sofort starten. Um aus Zahlen Diagramme zu erstellen, musst du in der ersten Spalte (A2 – A7) eine Beschriftung vornehmen. Beim Beispiel mit dem Jeansladen musst du die Monate mit Jahreszahl eintragen (A2: Jan 05, A3: Feb 05). In die erste Zeile in die Zellen B1, C1, D1, E1 trägst du die verkauften Artikel ein (Jeans, Polos, ...). Wenn alle Eintragungen erfolgt sind, markierst du die ganze Tabelle und drückst auf den Button *Programm-Assistent*.

5 PA

Sucht weitere Diagrammformen aus und testet sie mit den Zahlen des Jeansladens.
Probiert aus, welche Diagrammtypen euch überzeugen. Notiert, warum ihr euch für „euren" Diagrammtyp entschieden habt. Beschreibt, wo es Schwierigkeiten gibt.

EA = Einzelarbeit
PA = Partnerarbeit
GA = Gruppenarbeit
PL = Plenum

Jeans:
96 Stück = 20,34%
Polos:
146 Stück = 30,93%
Sweatshirts:
152 Stück = 32,20%
T-Shirts:
78 Stück = 16,53%

Kreisdiagramm

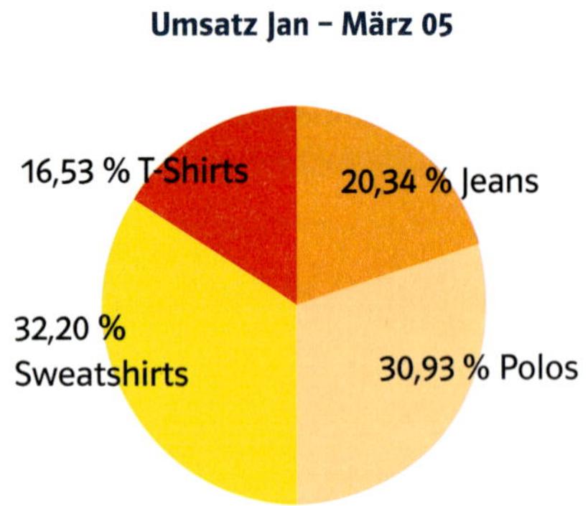

Säulendiagramm

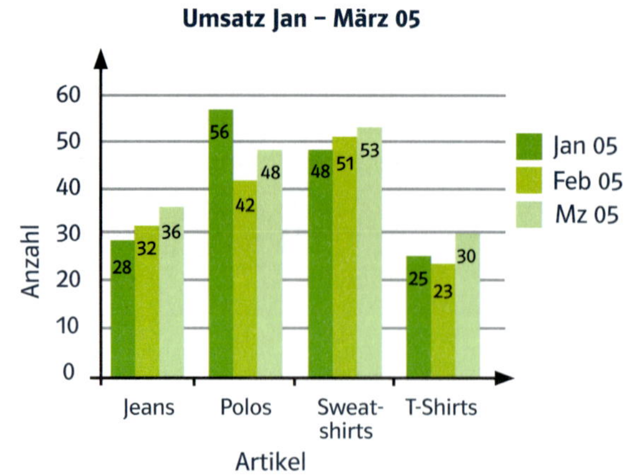

6 PL

Im Plenum werden verschiedene Lösungen vorgestellt, Fragen geklärt und Schwierigkeiten beim Erstellen von Diagrammen besprochen.

7 PA

Die Eltern eines Mitschülers haben seit April 2004 eine Solaranlage auf ihrem Dach. Die Anlage produziert durch die Sonnenenergie Strom, der ins öffentliche Stromnetz fließt. Dafür bekommen die Eltern Geld. Den Vater interessiert, ob sich der Kauf der Anlage gelohnt hat. Er schreibt jeden Monat auf, wie viel Strom von der Anlage erzeugt wurde, und vergleicht das Ergebnis mit den Zahlen des Vorjahres. Seine Tochter hat in der Schule gelernt, wie man aus Zahlen Diagramme macht. Er bittet sie, aus seinen Daten ein Diagramm zu erstellen.

Mit diesem Beispiel könnt ihr eure Kenntnisse zu Diagrammtypen weitertesten. Welche weiteren Diagramme könnt ihr aus den Zahlen gestalten?

Eine mögliche Lösung sieht so aus:

	2004	2005	2006
Januar	0	136	127
Februar	0	172	188
März	0	505	358
April	406	542	570
Mai	708	728	673
Juni	718	788	814
Juli	703	595	857
August	607	763	536
September	525	545	580
Oktober	373	416	385
November	132	156	185
Dezember	92	77	101

Aufzeichnungen des Vaters: erzeugter Strom

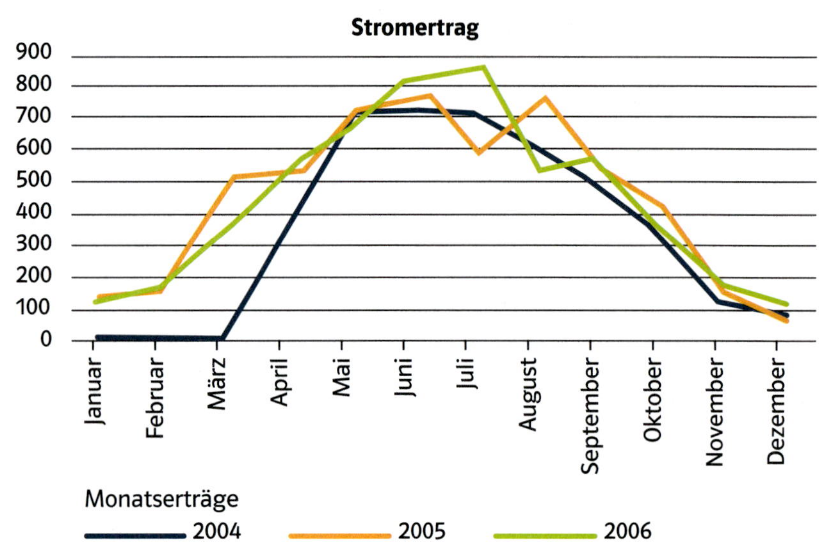

08 Präsentationen durchführen und bewerten

1 EA

In deiner Klasse werden Präsentationen vorbereitet. Die Themen, die ihr wählen könnt, beschäftigen sich mit Inhalten, die ihr im Unterricht bearbeitet habt. Dein Lehrer beschreibt, was bearbeitet werden kann. Notiere erste Ideen für ein Thema, das du bearbeiten möchtest. Es ist wichtig, dass du andere von deinem Thema überzeugen kannst. Welche Gründe kannst du nennen? Bedenke, dass dir eine festgelegte Zeit für die Ausarbeitung zur Verfügung steht.

Wähle ein Thema, bei dem du dich gut auskennst. Wer kann dir bei diesem Thema weiterhelfen? Kennst du einen Fachmann?

2 PA

Stellt euch eure Themen vor. Macht „Werbung" für euer Thema. Was ist am Thema gut? Wie soll es umgesetzt werden? Ist es zeitlich zu schaffen?

3 GA

Aus den vielen Themen sollen die besten ausgewählt werden. Einigt euch auf das Thema, das euch inhaltlich gefällt und in der vorgegebenen Zeit zu schaffen ist. Schaut euch dazu den Zeitplan auf der nächsten Seite an. Erarbeitet eure Präsentation.

4 EA

Du bist aufgefordert, die Präsentationen deiner Mitschüler zu bewerten und ihnen eine faire Rückmeldung zu geben. Schau dir den Bewertungsbogen vor den Präsentationen genau an. Drehe ihn um. Notiere auf einem Blatt oder der Rückseite des Bogens, was dir besonders aufgefallen ist. Fülle den Bogen nach der Präsentation aus. Was können deine Mitschüler besser machen?

Eine gute Rückmeldung fängt mit den Worten an:
Gut an eurer Präsentation war, ...
Eure Präsentation wird besser, wenn ihr/du ...

Teilt euch auf, wer was zu wem sagt! Kritik muss sein! Lob darf nicht fehlen!

5 PA

Einigt euch nach jeder Präsentation auf eine gemeinsame Note. Überlegt, welche wichtigen Tipps ihr geben könnt. Ihr könnt auch einzelnen Mitgliedern der Gruppe gezielte Hinweise geben. Bedenkt, dass Kritik helfen, nicht verletzen soll!

EA = Einzelarbeit
PA = Partnerarbeit
GA = Gruppenarbeit
PL = Plenum

Zeitplan

Die Absprachen, die ihr trefft, müssen für alle machbar und verbindlich sein.
Überlegt, was bei der Planung zu bedenken ist und was ihr nicht beeinflussen könnt, z. B. Termine für Klassenarbeiten.

Wann?	**Inhalt**	**Wer macht was wo?**	**Material**
	Thema genau festlegen Aufgaben aufteilen		
	Informationen beschaffen Material besorgen		
	Informationen und Material auswerten eine Gliederung erstellen		
	Informationen zusammentragen Ergebnisse formulieren		
	Präsentationsvorlagen vorbereiten (Quellenangaben nicht vergessen!)		
	Geräte und Materialbedarf für die Präsentation an Lehrer melden		
	Präsentation mit Geräten und Vorlagen proben		
	Geräte und Material testen Präsentation durchführen		Plakate Beamer Pinnwand Overhead-Projektor